지금부터 진정한 자신을 찾아가는 여행을 시작합니다.

이름 :

기록을 시작한 날 :

인생의 의미를 찾고
진정한 나와 마주하게 하는 질문 60

Question Book

퀘스천 북

서윤진 지음

타커스

당신은 자신에 대해 얼마나 알고 있나요?

이 책은 당신이 누구인지, 당신의 인생은 어떤 의미가 있는지를 찾아가는 7단계, 60개의 질문으로 구성되어 있습니다. 쉽고 간단한 질문도 있지만, 까마득히 잊고 있었던 기억과 감정을 떠올리게 하는 질문, 스스로도 미처 알지 못했던 욕망과 두려움에 직면하게 만드는 질문, 더 의미 있는 인생을 살기 위해 무엇을 해야 할지 깨닫게 하는 질문도 있습니다. 각각의 질문에 답하는 과정은 '진정한 자신을 찾아가는 여행'과 같습니다. 이 여행이 모두 끝나고 나면 자기 자신에게 하고 싶은 말이 생길 것입니다. 그 말이 무엇인지는 각자 다르겠지요.

이 책은 당신의 자서전이자, 엔딩노트이자, 버킷 리스트입니다.

당신이 무엇을 좋아하고 싫어하는지, 중요하게 생각하는 가치는 무엇인지, 어떤 역사와 추억을 간직하고 있는지, 당신이 이 세상에 남기고 싶은 것은 무엇인지에 대해 생각하고 정리해볼 수 있습니다.

당신 인생의 주인공은 당신 자신입니다. 이 책을 쓸 수 있는 사람도 오직 당신뿐입니다. 무엇과도 바꿀 수 없는 인생의 기록을 즐겁게 써내려가기를 바랍니다. 그리고 진정한 자신을 발견하고 인생의 멋진 깨달음을 얻게 되기를 바랍니다.

〈퀘스천 북〉 사용설명서

1. 각 질문에 대해 자신의 솔직한 생각과 느낌을 적으세요.

답변을 적는 데 정해진 순서나 형식, 규칙은 없습니다. 사진을 붙이거나 그림을 그려 넣어도 괜찮습니다. 당장 답변이 떠오르지 않으면 일단 건너뛰거나 간단한 힌트나 아이디어만 메모해놓고 나중에 적어도 됩니다.

2. 답변은 단답형보다 길게 구체적으로 적는 것이 좋습니다.

어떤 일이 있었는지보다 그 일이 일어난 장소와 분위기, 냄새, 당시 당신이 가졌던 감정과 느낌이 더욱 중요합니다. 아무리 작고 사소한 것이라도, 자신을 찾아가는 데 중요한 힌트가 될 수 있으니 놓치지 말고 적어보세요.

3. 잃어버리지 않도록 소중하게 보관하세요.

이 책에는 당신에 대한 중요한 데이터가 가득 들어 있습니다. 잃어버리지 않도록 소중하게 보관하세요.

4. 종종 새로운 내용을 업데이트하세요.

생각은 시간에 따라 변하게 마련입니다. 소중한 추억과 데이터도 시간에 따라 달라집니다. 매년 혹은 일정한 시기를 정해두고 내용을 업데이트해보세요. 또는 자신을 찾아가는 여행이 필요할 때마다 새롭게 답변을 적어보세요.

contents

step 1

나를
나타내는 것들

우리는 종종 자신이 누구인지, 어떤 사람인지 잊은 채 살아갑니다. 그러다 어느 날 문득 주체할 수 없는 외로움과 맞닥뜨립니다. 스스로에게조차 이해받지 못한다는 사실이 자신을 더욱 외롭게 만드는 것입니다. 당신은 누구인가요? 당신의 인생은 어떤 의미가 있나요?

〈step 1〉은 당신 자신이 누구인지 알아가는 가장 간단한 질문들로 구성되어 있습니다. 자, 그럼 가벼운 마음으로 '나를 찾아가는 여행'을 시작해볼까요?

가장 간단한 것부터 시작해볼까요?

당신은 누구인가요?

이름, 나이, 생일, 직업, 취미, 경력, 자격증,

사는 곳, 혈액형…….

당신을 나타내는 것들을 적어보세요.

우리는 삶에 대해 더욱 잘 이해하기 위해 글을 쓴다. 인생을 두 번 맛보기 위해, 그 일이 있었
던 순간과 추억 속에서의 그 순간을 함께 맛보기 위해 글을 쓴다. 인생을 초월하기 위해, 그
너머의 어떤 곳에 도달하기 위해, 다른 사람과 소통하는 법을 알기 위해, 미로 속으로 떠나는
여행을 기록하기 위해 글을 쓴다. ― 아나이스 닌

name

birthday ......

job

age

hobby

address

career ......

license

blood type ......

당신은 어떤 취향을 가진 사람인가요?
당신이 좋아하는 것들을 하나하나 떠올려보세요.
가장 좋아하는 색깔, 향기, 운동은 무엇인가요?
좋아하는 나라와 도시는요?
당신의 취향을 드러낼 수 있는 것은 무엇이든 좋습니다.
떠오르는 것들을 자유롭게 적어보세요.

살다 보면 어느 순간에 너무 많은 것들을 잃어버릴 때가 있단다. 그럴 땐, 눈을 뜨고 너 자신
이 누구인지를 살펴봐. 특히, 남들과 다른 너를 만들어준 것들이 무엇인지 살펴보렴. 그리고
자신에게 말해봐. "나는 바로 이런 사람이다." 그렇게 말하고 나면 자신을 사랑할 수 있게 된
단다. ― 영화 〈이상한 나라의 피비〉 중에서

· color

· country & city

· smell

· sports

· animal

· flower

당신은 어떤 감성을 가진 사람인가요?
당신의 감성을 사로잡은 것들을 떠올려보세요.
당신의 영혼을 뒤흔든 작가와 배우, 뮤지션은 누구인가요?
학창시절 밤을 하얗게 새며 읽었던 소설,
사춘기 시절 CD가 닳도록 즐겨들었던 노래,
가슴 뭉클한 감동을 느꼈던 영화와 예술 작품……
이 모든 것이 당신이 누구인지 알아가는
힌트가 될 수 있습니다.

당신의 행복은 무엇이 당신의 영혼을 노래하게 하는가에 따라 결정된다. — 낸시 설리번

book

music & musician

art & artist

movie

좋아하는 계절과 날씨는 언제인가요?

봄, 여름, 가을, 겨울 각 계절별로 떠오르는 추억이 있나요?

벚꽃이 만개한 4월의 밤하늘, 낙엽이 춤추는 늦가을의 어느 오후,

억수같이 쏟아지는 비를 맞으며 누군가와 함께 걷던 기억…….

우리는 계절을 찬양하고, 날씨를 노래합니다.

그 속에 추억이 있고, 사랑이 있고, 우정이 있기 때문입니다.

당신이 좋아하는 계절과 날씨, 그리고 그 이유에 대해 적어보세요.

인생은 고통과 고난으로 가득 차 있어. 하지만 방법은 있어. 순간에 주어진 몇몇 완벽한 경험들을 즐기는 거야. — 만화 〈심슨〉 중에서

four seasons & weather

계절과 날씨

Spring

Summer

Autumn

Winter

Sunny day

Rainy day

옷은 남들에게 보여지고 싶은 이미지를 드러내는
잠재의식의 표현입니다.
단정하고 세련된 옷차림으로 지적인 이미지를
연출하는 사람도 있고, 화려하고 자유분방한 스타일로
남들의 주목을 끌고자 하는 사람도 있습니다.
또는 자신만의 액세서리나 헤어스타일을
고집하는 사람도 있습니다.
당신이 좋아하는 패션 스타일은 무엇인가요?
다른 사람들이 당신을 어떤 사람으로 보기를 원하나요?

패션은 자기표현이자 선택이다. 누가 옷을 어떻게 입어야 할지 모르겠다고 하면 나는 먼저 거
울을 보고 자신을 연구하라고 말해준다. — 미우치아 프라다

fashion style

패션 스타일

hair style

brand

jewels

shoes & bag

fashion

cosmetics

음식은 인간의 가장 원초적인 본능을 충족시켜줍니다.

차가운 겨울 포장마차의 따뜻한 국수 한 그릇에서 위안을 얻기도 하고,

친구와 함께 마시는 커피 한 잔,

맥주 한 잔으로 살아갈 힘을 얻기도 합니다.

당신에게 위안을 준 소울 푸드는 무엇인가요?

진하고 달콤한 핫 초코 한 잔,

어린 시절의 추억이 떠오르는 고향 음식, 엄마가 끓여주는 된장찌개…….

당신의 소울 푸드를 적고 그 음식의 모양과 맛, 색, 냄새, 식감

하나하나를 머릿속에 그려보세요.

그 음식을 먹을 때 느껴지는 감각에 집중해보세요.

어떤 기분이 드나요?

그대가 무엇을 먹는지 말해보라. 그러면 나는 그대가 누군지 말해보겠다. — 브리아 사바랭

soul food
소울 푸드

당신이 가장 자주 듣는 칭찬은 무엇인가요?
성격, 외모, 능력 등에 대해 가장 많이 듣는
칭찬을 떠올려보세요.
당신도 그 말에 동의하나요?
그 칭찬을 들을 때 어떤 기분이 드나요?

성공은 당신이 가진 지식 덕분이 아니라, 당신이 아는 사람들과 그들에게 비치는 당신의 이미지를 통해 찾아온다. — 리 아이아코카

my image
나는 어떤 이미지인가?

Q 가장 많이 듣는 칭찬은?

Q 그 칭찬을 들을 때 기분은?

Q 사람들이 말하는 나의 첫인상은?

사람들은 누구나 콤플렉스를 갖고 있습니다.

당신은 어떤 콤플렉스를 갖고 있나요?

당신이 특별히 민감하게 여기는 부분은 무엇인가요?

작은 키, 뚱뚱한 몸매, 소심한 성격, 떨리는 목소리,

유머감각이 부족한 것⋯⋯.

성격, 외모, 능력 등에서 가장 자신 없는 점을 적어보세요.

그중에서 극복한 것이 있나요?

어떻게 극복했나요?

나는 항상 나의 바깥에서 힘과 자신감을 찾았지만 그것은 안에서 나오는 것이다. 그것은 항상
거기에 있었다. — 안나 프로이트

Q

가장 큰 콤플렉스는?

Q

한때 콤플렉스를 느꼈지만 극복한 일은?

Q

극복하게 된 계기는?

그대 자신으로 살아라

랄프 왈도 에머슨

나는 당신들의 관습에 따르지 않을 것이다.
나는 나 자신이 될 것이다.
나는 당신들을 위해서 더 이상 나를 길들일 수 없고
당신들도 그렇게 할 수 없다.

당신들이 나를 있는 그대로 사랑한다면,
우리는 더욱 행복할 수 있을 것이다.
그러나 당신들이 그럴 수 없다 해도
나는 당신들이 마땅히 그렇게 하도록
변함없이 노력할 것이다.

나는 내가 싫어하는 것이나 좋아하는 것도
숨기지 않을 것이다.
나는 내 마음 깊은 곳에 성스러움이 숨어 있다고 믿는다.

그러므로 내 안에 나를 기쁘게 하는 것이 있을 때마다,
가슴이 시키는 일이 있을 때마다
그것이 무엇이든 맹세코 열심히 할 것이다.

step 2

내가
중요하게 여기는 가치들

우리는 누구나 자신만의 삶의 원칙을 갖고 있습니다. 남들에게는 별것 아닌 것이 어떤 사람에게는 수십억을 준대도 절대 양보할 수 없는 중요한 가치가 되기도 합니다. 또 우리는 자신만의 즐거움이나 기쁨을 만끽하기 위해 다른 사람들이 중요하게 여기는 가치들을 기꺼이 포기하기도 합니다.

〈step 2〉는 당신이 중요하게 여기는 가치들을 알아보는 질문들로 구성되어 있습니다. 어쩌면 스스로도 미처 알지 못했던 당신의 은밀한 욕망과 만나게 될지도 모릅니다. 그럼, 당신의 내면 깊숙한 곳으로 들어가 볼까요?

지금까지 살아오면서
당신이 꼭 지켜온 신념이나 좌우명이 있나요?
선택의 기로에서 떠올리는 삶의 원칙은 무엇인가요?
혹은 아무리 큰 이익이 생기더라도
이것만은 도저히 할 수 없다고 생각하는 일은 무엇인가요?

인간은 인생의 방향을 결정할 규칙을 가지고 있어야 한다. — 존 웨인

좌우명은?

좋아하는 격언이나
속담은?

수십억을 준다고 해도
절대 할 수 없는 일은?

지금 당신이 가장 관심을 갖고 있는 시사문제는 무엇인가요?
뉴스를 찾아 듣거나 직접 참여하고 있는
환경, 역사, 정치적 사안이 있나요?
왜 그 문제에 관심을 갖게 되었고,
문제를 해결하기 위해 어떤 노력을 하고 있나요?
당신은 우리 사회가 어떻게 바뀌기를 바라나요?

건강한 아이를 낳든, 한 뙈기의 정원을 가꾸든, 사회 환경을 개선하든, 자기가 태어나기 전보
다 세상을 조금이라도 살기 좋은 곳으로 만들어놓고 떠나는 것. 자신이 한때 이곳에 살았음
으로 해서 단 한 사람의 인생이라도 행복해지는 것. 이것이 진정한 성공이다. ― 랄프 왈도
에머슨

current issue
관심 있는 시사 이슈

historical issue

political issue

environmental issue

지금까지 살면서 가장 억울했던 순간은 언제인가요?
그때 어떻게 대처했나요?
혹은 어떤 문제를 보고 정의롭지 못하다고 느꼈거나,
바로잡아야겠다고 생각한 때가 있나요?
그 생각을 행동에 옮긴 적이 있나요?

나는 자기가 내 주인이라고 생각하는 이가 식탁에서 던져주는 동정의 빵 조각을 받아먹는 것
에 관심이 없다. 나는 '권리'라는 정식 메뉴를 원한다. — 데스몬드 투투

살면서 가장 억울했던 순간은?

그때 어떻게 대처했나?

정의롭지 못하다고 느낀 문제나 상황은?

가족이나 친구, 지인이 아닌
당신과 전혀 상관없는 사람을 위해 운 적이 있나요?
왜 눈물을 흘렸고, 어떤 기분이었나요?
세상에는 도움이 필요한 많은 사람들이 있습니다.
또한 어려운 이들을 돕고 지원하는 여러 단체도 있습니다.
작은 기부나 후원이 그들에게는 엄청난 힘이 됩니다.
당신이 기부하거나 후원하는 사람이나 단체가 있나요?

나는 가끔 사람들에게 '가난한 이들에게 자선을 베풀어본 적이 있느냐'고 물어봅니다. 그들이 '네'라고 대답하면, 나는 '당신의 것을 나누어줄 때 그의 눈을 바라보았나요, 아니면 그의 손이라도 잡아주었나요?'라고 묻습니다. 눈을 맞추고 손을 잡을 때 진정한 만남이 이루어지기 때문입니다. ― 프란치스코 교황

다른 사람을 위해
눈물을 흘린 적이 있나?

기부하거나 후원하는
사람이나 단체가 있나?

직업은 자신을 나타내는 가장 대표적인 요소입니다.
우리는 하루 중 가장 많은 시간을 직업인으로서,
그 역할에 충실한 일을 하며 보냅니다.
당신의 직업은 무엇이고, 왜 그 직업을 선택했나요?
일하는 동안 무엇을 배웠고, 가장 보람을 느낀 순간은 언제인가요?
지금 당신이 하는 일을 통해 실현하고 싶은 가치는 무엇인가요?
마지막으로, 다시 직업을 선택할 수 있다면
당신은 똑같은 선택을 할 것인가요?

행복의 비밀은 자신이 좋아하는 일을 하는 것이 아니라, 자신이 하는 일을 좋아하는 것이다.
— 앤드류 매튜스

당신은 지금 무엇에 중독되어 있나요?

용건이 없는데도 스마트폰을 손에서 놓지 못하고,

건강에 해로운 줄 알면서도 술이나 담배를 끊지 못하고 있나요?

자꾸만 더 매운 음식을 찾고, 습관처럼 매일 인터넷쇼핑을 하나요?

당신은 왜 그것들에 매달리고 있나요?

인간은 즐거움보다 이익을 손쉽게 포기한다. — 라 로슈푸코

smartphone

smoke

alcohol

game

shopping

남들에게 말하기 꺼려지는,

혼자만 은밀하게 즐기는 일이 있나요?

용하다는 점집 순례하기, 앉은자리에서 아이스크림 한 통 먹기,

자정이 넘은 시간에 라면 끓여먹기, 유치한 로맨스 소설 읽기,

비싸면서도 비실용적인 물건 모으기…….

이처럼 죄책감을 느끼면서도

너무 좋아서 즐기는 일을 '길티 플레저'라고 합니다.

당신의 길티 플레저는 무엇인가요?

그 행동을 할 때 어떤 느낌을 갖게 되나요?

마음은 섬세하고 미묘해서 알아채기 쉽지 않다. 그것은 어느 곳이든 즐거움을 따라 움직인다.
— 법구경

My
guilty
pleasure
is ......

당신이 가장 두려워하는 일은 무엇인가요?
직업을 잃고 경제적인 어려움에 처할까봐……
소중한 가족과 헤어지거나 그들이 세상을 떠날까봐……
아프고 병들어 고통에 처할까봐……
실패해서 자존심에 상처를 입을까봐…….
당신이 가장 두려워하는 것들을 떠올려보세요.
그것이 왜 두려운가요?

우리가 어떤 것을 두려워한다면 그 원인은 외부가 아니라 내부에 있다. — 레프 니콜라예비치
톨스토이

sickness

failure

loss

나 자신의 노래 1

월트 휘트먼

나는 나 자신을 찬미하고, 나 자신을 노래한다
내가 그러하듯 당신도 그러하리라
내게 있는 모든 원자(原子)가 당신에게도 있으니까.

나는 유유히 내 영혼을 불러낸다
기대어 한가로이 여름풀의 이파리를 살펴본다.

내 혀, 내 피 속의 모든 원자가 이 토양과 이 공기에서 빚어졌다
나는 여기서 부모에게서 태어났고, 부모도 마찬가지며,
부모의 부모도 그러하다
지금, 서른일곱의 나는, 완벽한 건강체로 시작한다
죽는 날까지 그치지 않기를 바라며.

신앙과 학습은 잠시 중단하고
지금 상태에 만족한 채 잠시 물러나, 그러나 잊어버리진 않으며
나는 선악을 모두 품어주고, 모든 위험을 말하도록 허용한다
자연이 원래의 에너지로 거침없이 말하도록.

step 3

나의
역사

우리 모두는 각자 자신의 역사를 갖고 있습니다. 자신이 누구이고, 어떻게 지금의 모습이 되었는지를 생각하다 보면 자연스럽게 자신의 역사를 되돌아보게 됩니다. 자주 떠올리는 유년기의 기억, 부모 · 형제자매와의 추억, 학창시절의 우정, 사춘기 무렵 열광적으로 빠져들었던 일, 첫사랑, 처음으로 '진짜 어른'이 되었다고 느낀 순간……. 이 모든 것이 당신의 역사입니다.

〈step 3〉은 당신의 역사에 대해 알아보는 질문들로 구성되어 있습니다. 이 질문들을 따라가다 보면 현재 그리고 미래의 당신에 대해서도 중요한 힌트를 얻을 수 있을 것입니다.

당신의 가장 오래된 기억은 무엇인가요?
몇 살 무렵 어디에서 누구와 무엇을 했나요?
그때의 날씨, 냄새, 분위기는 어땠나요?
왜 그 장면이 가장 오랫동안
당신의 기억 속에 남아 있을까요?

그동안 살아온 모든 날들과 경험한 수많은 일들은 모두 내 안에 새겨져 있다. 좋은 것이든 나쁜 것이든, 폭넓은 성장이든 잠깐의 깨달음이든 할 것 없이. 한 사람의 과거는 그저 흘러가 버리는 것이 아니다. 그의 삶에 흡수되는 것이다. — 엘리자베스 코츠워스

oldest memory
가장 오래된 기억

어린 시절 가장 평범한 하루를 떠올려보세요.
어떤 분위기 속에서 누구와 무엇을 하고 있나요?
어머니는 무엇을 하고 있고, 아버지는 어디에 있나요?
그때를 떠올리면 어떤 기분이 드나요?
그 시절 가장 평범한 하루를 자세히 묘사해보세요.
그리고 그 시절 가족 이외에
가장 많은 시간을 함께 보낸 사람은 누구인지,
그와 어떤 추억이 있었는지도 적어보세요.

모든 인생은 일어났던 사건이나 무대에 상관없이 고유한 가치를 가진다. 누군가 자신의 경험을 정직하게 바라보고 있는 그대로 기록한다면 다른 이들과 충분히 나눌 수 있다. — 아이리스 오리고

초등학교 시절에는 누구나
별명 하나씩은 갖고 있게 마련입니다.
당신의 초등학교 시절 별명은 무엇인가요?
왜 그렇게 불렸나요?
친구들과 선생님 그리고 주위 사람들은
당신을 어떤 아이라고 생각했나요?
그때 당신이 가진 특별한 점을 발견하고
높이 평가해준 사람이 있나요?

우리는 누구나 마음속 깊은 곳에 있는 인생의 앨범을 꺼내 사랑하고 가르침을 주었던 사람들
과 장소를 떠올리며 추억이 담긴 사진들을 들여다볼 수 있다. 과거의 그 순간들, 아마 지금은
반쯤 잊어버렸겠지만, 그때의 사진을 보기만 해도 희미한 기억이 떠오를 것이다. 아름다운 회
상은 당신 자신만을 위한 신성한 여행이다. — 프레드릭 뷰크너

초등학생 시절
나는……

그 시절에 나를
인정해준 사람은……

청소년 시절, 당신이 가장 열정적으로
빠져들었던 일은 무엇인가요?
꿈, 우정, 사랑, 도전…….
당시 당신이 가장 중요하게 생각한 가치는 무엇인가요?
가장 친했던 친구, 추억의 장소와 물건들…….
그 시절로 돌아가서 자유롭게 적어보세요.

우리의 모든 기억은 가치 있고 놀라운 것이다. 또한 그 기억들은 잃어버린 꿈을 되찾아주기도
한다. — 안토니오 마차도

dream

friendship

love

book

music

movie

사춘기 무렵, 부모님이나 선생님에게 반항하거나
위험한 행동을 한 적이 있나요?
그 시절 부모님과의 관계는 어땠나요?
당신은 부모님에게 순종하는 아이였나요,
아니면 반항적인 아이였나요?
그 시절 자신의 모습을 떠올려보세요.
그리고 그 시절의 자신에게 해주고 싶은 말을 적어보세요.

잔잔한 바다에서는 좋은 뱃사공이 만들어지지 않는다. — 영국 속담

사춘기 무렵
나는……

그 시절의 나에게
해주고 싶은 말……

고등학교를 졸업하고 어른이 되면 많은 것이 달라집니다.
어른이 되고 나서 생긴 가장 큰 변화는 무엇인가요?
친구와 가족관계는 어떻게 변했나요?
새롭게 관심을 갖기 시작한 문제나 취미가 있나요?
새로 가입한 모임과 단체, 처음 가본 장소와 여행지…….
어른이 되고 나서 한 '첫 경험'들을 적어보세요.

그 시절, 내 말은 노래였고, 내 걸음걸이는 춤추고 있었다. 하나의 리듬이 내 사상과 내 존재를 다스리고 있었다. 나는 젊었던 것이다. — 앙드레 지드

어른이 되고 새롭게 경험한 일 중
가장 기억에 남는 것은?

새로 가입한 모임이나 단체는?

처음 가본 장소나 여행지는?

'이제 진짜 어른이 되었구나' 하고 생각한 적이 있나요?

부모님에게 처음으로 어른 대접을 받았던 일은 무엇인가요?

독립해서 처음으로 혼자 지내게 되었을 때,

첫 월급으로 부모님 선물을 샀을 때,

결혼하고 첫 아이를 낳았을 때……

사람마다 어른이 되었다고 느낀 순간이 다를 것입니다.

당신에게는 어떤 순간이었나요?

성인이 된다는 것은 곧 혼자가 된다는 뜻이다. ― J. 로스탕

support myself
홀로서기

인생에서 감추고 싶은 시기가 있나요?

혹은 당신 인생의 '흑역사'는 언제인가요?

또 당신 인생 최고의 '리즈 시절'은 언제인가요?

그 시절로 돌아간다면 어떨 것 같나요?

*흑역사(黑歷史) : 굴욕적이거나 어두웠던 과거, 없던 일로 해버리고 싶은 과거를 뜻하는 말. 애니메이션《∀건
  담》에서 과거에 일어난 우주전쟁의 역사를 가리킨 말에서 시작되었다.

*리즈 시절 : 젊은 시절의 모습, 잘나가는 전성기를 뜻하는 말. 리즈 유나이티드 축구클럽이 승승장구하던 시절을
  회상하면서 '리즈 시절'이라고 한 것에서 시작되었다.

인생에서 조금만 늦게 찾아온다면 청춘은 이상적일 것이다. — 허버트 스펜서

'흑역사'는 언제?

그 시절로 되돌아간다면?

최고의 '리즈 시절'은 언제?

그 시절로 되돌아간다면?

가지 않은 길

로버트 프로스트

노란 숲 속에 두 갈래 길이 있었습니다
나는 두 길을 모두 가지 못하는 것이 아쉬워
오랫동안 멈춰 서서
수풀 사이로 구부러진 한쪽 길을
가능한 한 멀리까지 바라보았습니다

그리고 다른 쪽 길을 선택했습니다
똑같이 아름답고, 조금 더 걸어야 할 것 같은 길을.
그 길에는 풀이 더 무성하고 사람의 자취가 적어,
내가 그 길을 지나가고 나면
두 길이 비슷해질 것 같았습니다

그날 아침 두 길 모두에는
낙엽을 밟은 흔적이 없었습니다
아, 나는 훗날을 위하여 한 길은 남겨 두었습니다
길은 또 다른 길로 이어져 있음을 알기에
다시 돌아올 수 있을지 의심하면서도.

먼 훗날 어딘가에서
나는 한숨지으며 이야기할 것입니다
숲 속에 두 갈래 길이 있었고,
나는 사람이 덜 다닌 길을 택하였다고,
그리고 그것이 나의 모든 것을 바꾸어놓았다고.

step 4

추억의 순간들,
내 인생의 명장면

당신은 지금까지 수많은 경험을 해왔습니다. 때론 예상치 못한 엄청난 행운을 만나기도 하고, 실패와 좌절의 쓴맛을 보기도 하고, 돈이 없어 남몰래 눈물을 흘리기도 하고, 한계에 도전해 큰 성취감을 맛보기도 했을 것입니다.

〈step 4〉는 당신 인생의 추억의 순간들을 떠올리는 질문들로 구성되어 있습니다. 당신이 가장 빛나던 순간, 기쁨과 환희에 벅차오르던 순간, 의지하던 대상을 잃고 펑펑 눈물을 쏟던 순간, 꿈을 이루고자 치열하게 싸우던 순간……. 그 하나하나를 떠올려보세요. 그 모든 순간이 소중하다는 것을 깨닫게 될 것입니다.

당신 인생에서 가장 빛나던 순간은 언제인가요?
열심히 공부해서 원하던 대학에 입학했을 때,
어려운 조건을 극복하고 큰 실적을 냈을 때,
사랑하는 사람과 결혼했을 때…….
당신 인생의 명장면으로 꼽을 만한 순간이 있나요?
그 순간들로 돌아가 보세요.
기쁨과 환희에 가슴이 벅차오르던 그때의 기분을
생생하게 떠올려보세요.

천국에 들어가려면 두 가지 질문에 답해야 한다는군. 하나는 내가 인생에서 기쁨을 찾았는
가? 또 하나는 내 인생이 다른 이에게 기쁨을 주었는가? — 영화 〈버킷리스트〉 중에서

1

2

3

살다 보면 종종 예상치 못한 행운을 만나기도 합니다.
당신 인생에게 최고의 행운은 무엇이었나요?
당신 인생을 한순간에 바꾼, 당신을 이전과는
전혀 다른 사람으로 만들어버린 결정적인 사건이 있었나요?
아직 행운을 만나지 못했다면, 어떤 행운을 기다리고 있나요?

인생은 초콜릿 상자와 같아서 어떤 것을 잡을지 알 수 없다. — 영화 〈포레스트 검프〉 중에서

lucky happening

turning point

당신 인생에서 가장 가난했던 시절은 언제인가요?
돈이 없어서 혹은 돈을 벌기 위해 어떤 일까지 해보았나요?
그때 어떤 기분을 느꼈나요?
돈은 당신에게 어떤 의미인지 적어보세요.

가난은 인격의 스승이다. ─── 안티파네스

penniless days
가난했던 시절

돈이 없어서 해본 가장 힘든 일은?
||||||||||||||||||||||||||||||||||||||||||||||||||

로또 1등에 당첨된다면?
||||||||||||||||||||||||||||||||||||||||||||||||||

나에게 돈이란?
||||||||||||||||||||||||||||||||||||||||

'실패 없는 인생'은 '도전 없는 인생'과 같다고 합니다.
많은 실패를 경험한 사람은 그만큼 많이 시도한 사람이고,
또한 그 과정에서 많은 것을 배운 사람이기도 합니다.
당신 인생에서 가장 큰 실패는 무엇인가요?
그것을 어떻게 극복했고,
극복하는 데 가장 큰 힘이 되어준 것은 무엇인가요?
그 이후 당신의 삶은 어떻게 달라졌나요?

실패는 우리가 그것에 어떻게 대처하느냐에 따라 다르게 정의된다. ─ 오프라 윈프리

failure

overcome

지금까지 당신이 경험한 가장 큰 성공은 무엇인가요?
마치 시간이 멈추어버린 것 같은,
달콤한 꿈속을 걷는 것 같은,
황홀한 승리감과 성취감을 맛본 적이 있나요?
그때, 그 상황으로 돌아가 보세요.
그리고 그때의 기분을 생생하게 묘사해보세요.

때론 미친 척하고 딱 20초만 용기를 내볼 필요가 있어. 창피해도 딱 20초만 용기를 내보는 거
야. 장담하는데, 그럼 반드시 멋진 일이 생길 거야. — 영화 〈우리는 동물원을 샀다〉 중에서

accomplishments
성취의 순간

인생의 가장 큰 시련 중 하나는 깊이 의지했던 대상을 잃는 것입니다.

살면서 상실감을 가장 크게 느낀 순간은 언제인가요?

부모님이나 가족의 죽음, 연인과의 이별, 친구의 배신…….

혹은 직장을 잃었을 때, 큰돈을 잃었을 때, 집을 떠나야 했을 때도

우리는 심리적으로 큰 타격을 입습니다.

그때의 심정은 어땠나요?

당시 주위 사람들이 어떻게 해주기를 바랐나요?

상실감을 극복하는 데 가장 큰 힘이 된 것은 무엇이었나요?

이별의 아픔 속에서만 사랑의 깊이를 알게 된다. — 조지 앨리엇

살 면 서
상 실 감 을
가 장 크 게
느 낀 순 간 은 ?

상 실 감 을
극 복 하 는 데
가 장
큰 힘 이 된 것 은 ?

또 다 시
그 런
시 련 이
닥 친 다 면 ?

'고백'만큼이나 가슴 설레는 일이 또 있을까요?
지금까지 누군가에게 고백해본 적이 있나요?
꼭 사랑고백이 아니어도 괜찮습니다.
그를 처음 본 순간 매력을 느꼈다고,
그의 성격이나 외모, 목소리가 참 마음에 든다고,
그가 걸어온 길을 흠모해왔다고 말해본 적이 있나요?
그때 기분이 어땠나요?
혹은 고백하고 싶었지만 망설이다가 못한 상대가 있나요?
그에게 하고 싶은 말을 적어보세요.

가장 큰 행복은 사랑하고, 그 사랑을 고백하는 것이다. ― 앙드레 지드

love

respect

admiration

우리는 무한한 가능성을 가진 존재입니다.

하지만 도전해보지 않은 한

그 가능성이 얼마나 큰지, 한계가 어디까지인지 알 수 없습니다.

지금까지 살면서 육체적, 정신적으로

자신의 능력을 넘어서는 일을 시도해본 적이 있나요?

주위 사람들이 모두 반대하는 일,

스스로 할 수 없으리라고 생각한 일에 도전해본 적이 있나요?

그 일의 결과는 어땠고, 무엇을 느꼈는지 적어보세요.

왼손을 곧게 뻗고 그 상태로 한 바퀴 돌아라. 그 원의 크기가 너라는 인간의 크기다. 복싱은 그 원을 뚫어 밖의 것을 쟁취해 오는 것이다. ― 영화〈GO〉중에서

challenge my limits
한계에 도전하다

Q

내 인생 최고의 도전은?

그 과정에서 무엇을 느꼈나?

Q33

지금까지 당신이 한 일 중에서
가장 낯 뜨거운 일, 우스운 일, 엉뚱한 일은 무엇인가요?
술 취해서 헤어진 애인에게 전화하기,
길거리에서 첫눈에 반한 상대에게 데이트 신청하기,
만취한 채 택시에서 구토하기…….
그 일을 다른 사람에게도 이야기한 적 있나요?
사람들의 반응이 어땠나요?

자신을 향해 마음 놓고 웃는 날, 우리는 어른이 된다. — 에델 배리모어

embarrassing moments
부끄러운 사건

episode 1

episode 2

episode 3

10년 전 당신은 지금 어떤 모습이 되어 있기를 바랐나요?

그리고 현재의 당신은 스스로 예상했던 것과 어떻게 다른가요?

실망스러운 점과 예상보다 더 좋은 점은 무엇인가요?

지난 10년간 당신 인생에 어떤 변화가 있었는지 적어보세요.

그리고 앞으로 10년 뒤, 20년 뒤, 30년 뒤의

당신 모습을 그려보세요.

당신의 꿈이 한 번도 실현되지 않았더라도 가엾게 생각해서는 안 된다. 정말 가엾은 것은 한 번도 꿈꾸지 않은 사람들이다. — 크리스토프 에셴바흐

10 years ago

present

10 years from now

삶이 그대를 속일지라도

알렉산드르 푸쉬킨

삶이 그대를 속이더라도
슬퍼하거나 화내지 말라
슬픈 날들을 견디면
기쁨의 날이 올 것을 믿어라

마음은 미래에 살고
현재는 슬픈 것
모든 것은 순간이고, 지나간다
지나가버린 것은 다시 그리움이 되리니

step 5

나만의
비밀 레시피

누구나 인생을 살면서 자신만의 지혜와 노하우를 터득하게 됩니다. 지금까지 당신이 쌓아온 소중한 지혜들을 떠올려보세요. 간단한 방법으로 건강을 유지하는 비법, 마음이 편안해지는 치유의 장소, 우울한 기분을 순식간에 날려버리는 마법의 주문……

〈step 5〉는 당신이 갖고 있는 소중한 물건들과 비밀 레시피, 노하우 등을 정리해보는 질문들로 구성되어 있습니다. 그중에는 당신만 알고 있기에 아까운 것들도 많이 있을 것입니다. 이 책에 정리한 내용들을 주위 사람들과 나누어보세요.

당신이 가장 소중하게 여기는 물건은 무엇인가요?
오랫동안 수집해온 책과 CD, 특별한 의미가 담긴 선물,
자주 사용하는 스마트폰과 게임기, 지금까지 모아온 돈과 자산……
만일 당신이 세상을 떠난다면
누구에게 어떤 물건들을 남기고 싶나요?

다른 사람에게 줄 것이 있으면 요청하기 전에 주어라. 요청을 받은 후에 주면 반밖에 주지 않은 셈이 된다. — 뤼케르트

my treasures
나의 보물들

1

2

3

4

5

남들에게 알려주고 싶은 당신만의 비밀 노하우가 있나요?
만원 지하철에서 재빨리 자리에 앉는 방법,
약을 먹지 않고 두통을 가라앉히는 방법,
처음 만난 사람과 분위기를 화기애애하게 만드는 방법…….
당신이 지금까지 살면서 터득한 노하우가 있다면
무엇이든지 적어보세요.
생활의 지혜는 널리 공유될수록 그 가치가 더욱 빛납니다.

그 누구도 혼자서는 지혜로울 수 없다. — 플라우투스

1

2

3

4

5

당신이 가장 자신 있는 요리는 무엇인가요?
자신 있는 요리 세 가지와 간단한 레시피를 적어보세요.
대단한 요리일 필요는 없습니다.
라면을 끝내주게 잘 끓이는 방법,
식빵과 땅콩잼만으로 간단하게 야식 만들기,
감기 예방에 좋은 홈메이드 차 만들기…….
누군가는 분명 당신의 레시피에 열광할 것입니다.

새로운 요리의 발견이 새로운 별의 발견보다 인간을 더 행복하게 만든다. — 브리야 사바랭

1

2

3

살다 보면, 번잡스러운 일상에서 한 발짝 물러나
스스로를 돌아보고 싶을 때가 있습니다.
또 가끔은 혼자만의 공간에서
치치고 상처 입은 마음을 달래고 싶을 때도 있습니다.
이럴 때 특별한 의식을 치르듯, 찾게 되는 장소는 어디인가요?
향긋한 커피향이 가득 찬 조용한 카페,
음식을 먹고 나면 왠지 힘이 나는 단골 식당,
사계절 자연의 변화를 만끽할 수 있는 공원이나 산책로,
혼자 조용히 묵상에 잠길 수 있는 교회나 성당……….
당신만의 특별한 치유의 장소를 소개해주세요.

인생이 경이로 가득 차 있지 않다면 살 만한 가치가 없으리라. 나는 매일 아침 눈을 떠 창가로
다가간다. 그리고 먼동이 트는 것을 바라보며, 과거의 내 모든 생활습관을 뭉개버리고 새로운
날들로 나를 초대하는 자연의 신비로운 비밀을 발견한다. — 랄프 왈도 에머슨

1

2

3

만화영화 〈인어공주〉에 다음과 같은 대사가 나옵니다.

"자신을 웃게 하는 것이 자신을 사랑하는 방법이야."

자신을 사랑할 줄 아는 사람은

힘든 일이 생겨도 우울하고 슬픈 감정에 사로잡혀 있지 않습니다.

부정적인 감정을 털어내고 즐겁게 지내는 방법들을 알고 있습니다.

당신은 어떤가요?

당신을 기분 좋게 만드는 마법의 주문을 알고 있나요?

힘든 일상에 위로가 되는 노래 가사, 기운이 불끈 솟는 다짐,

불안할 때 마음을 안정시켜주는 기도문…….

당신의 마법의 주문을 적어보세요.

사람의 마음은 쉽게 겁을 먹어. 그래서 속일 필요가 있어. 큰 문제에 부딪히면 가슴에 손을 얹고 말하는 거야. 알 이즈 웰, 알 이즈 웰(다 잘될 거야, 다 잘될 거야). ― 영화 〈세 얼간이〉 중에서

'행복은 건강이라는 나무에서 피어나는 꽃'이라는 말이 있습니다.
건강하지 않으면 돈이 아무리 많아도, 명예가 아무리 높아도,
결코 그것을 온전히 누릴 수 없습니다.
당신은 건강을 유지하기 위해 어떤 노력을 하고 있나요?
아침에 일어나자마자 따뜻한 물 한 잔 마시기,
매일 10분씩 명상하기, 엘리베이터 대신 계단으로 오르내리기…….
당신이 알고 있는 가장 효과적인 건강 노하우는 무엇인가요?

건강이 있는 곳에 자유가 있다. 건강은 모든 자유 가운데 으뜸이다. — 앙리 프레데릭 아미엘

행복해진다는 것

헤르만 헤세

행복해지는 것을 제외하고 인생에 주어진 의무는 없지.
그것이 우리가 이 세상에 존재하는 유일한 이유.
온간 의무, 온갖 도덕, 온갖 계명을 따르면서도
우리는 좀처럼 행복하지 못하다네, 스스로 행복해지지 않기 때문에.

인간은 선을 행하는 한 누구나 행복에 이르지,
마음속에서 조화를 찾을 때, 다시 말해, 스스로를 사랑할 때.

그것이 세상의 가르침,
세상이 우리에게 알려준 단 하나의 교훈이지.
예수도, 부처도, 헤겔도 그렇게 가르쳤다네.

모든 인간에게 세상에서 한 가지 중요한 것은 그의 깊은 내면,
그의 영혼, 그의 사랑하는 능력이라네.

거친 스프를 먹든 맛있는 빵을 먹든, 누더기를 걸치든 보석을 휘감든
사랑하는 능력이 살아 있는 한 세상엔 영혼의 맑은 화음이 울리리라.
세상은 올바른 질서가 있는 좋은 곳이 되리라.

step 6

소중한
사람들

당신에게는 소중한 사람들이 있습니다. 사랑하는 연인과 배우자, 가족, 친구, 이웃과 동료……. 그들이 있기에 당신이 이 세상에 존재할 수 있고, 아름답고 빛나는 추억을 남길 수 있습니다.

〈step 6〉은 당신에게 소중하고 의미 있는 사람들에 대한 질문들로 구성되어 있습니다. 이 질문들을 따라가다 보면, 그들이 당신에게 얼마나 소중한지 새삼 다시 깨닫게 될 것입니다.

지금, 당신에게
가장 소중한 사람은 누구인가요?
그에게 무슨 말을 하고 싶나요?

내게 정말 중요한 일은 무엇인가? 내게 정말 소중한 사람은 누구인가? 이 두 가지를 온 마음
을 다해 생각하는 것, 그것만으로도 좋은 인생을 살 수 있다. — 이토이 시게사토

Dear: _____

당신의 부모님은 어떤 분인가요?

당신은 아버지의 어떤 점을 존경하고, 어떤 점을 싫어하나요?

어머니의 어떤 점을 배우고 싶고, 어떤 점을 닮고 싶지 않나요?

두 분은 당신에게 어떤 존재인가요?

부모님과의 소중한 추억, 어른이 되어서야 비로소 깨닫게 된 사실,

두 분께 하고 싶은 말 등을 자유롭게 적어보세요.

인생은 너무 짧다. 사랑하는 이에게 충분한 즐거움을 안겨주지 못할 만큼 짧다. 그러니 서둘러 친절을 베풀어라. 모든 이를 사랑하라. 사랑이라는 습관에 빠져라. 그러면 삶은 더 큰 기쁨과 행복으로 가득 찰 것이다. ─ 레프 니콜라예비치 톨스토이

my father is......

my mother is......

Q43

형제자매는 기쁜 일이 있을 때 함께 기뻐해주고
힘든 순간 의지할 수 있는 소중한 존재입니다.
하지만 때로 경쟁관계에 있거나 시기나 질투의 대상이 되기도 합니다.
형제자매가 있어서 가장 기뻤던 순간은 언제인가요?
혹은 그들 때문에 화가 났던 순간은 언제인가요?
지금 당신에게 형제자매는 어떤 존재인가요?

아무리 먼 거리에 있어도 형제의 인연은 누구도 끊을 수 없다. 형제는 영원한 형제다. 어떠
한 분노나 냉정함도 형제의 끈을 자를 수는 없다. ─ 존 키블

to my
sister

to my
brother

지금 당신에게 연인이나 배우자가 있나요?

그의 어떤 점이 당신을 매료시켰나요?

그에게 처음으로 강하게 끌린 순간은 언제인가요?

당신이 사랑에 빠졌다는 사실을 어떻게 알았나요?

연인이나 배우자와 사랑에 빠졌던 순간으로 돌아가 보세요.

그때의 설렘, 흥분, 황홀한 기분을 적어보세요.

진정한 사랑은 영원히 자신을 성장시키는 경험이다. ― M. 스캇 펙

my lover
연인 또는 배우자

친구를 보면 그 사람을 알 수 있다고 합니다.

당신의 친구는 당신의 거울입니다.

당신의 친구들을 한 명, 한 명 떠올려보세요.

가장 오래 사귄 친구는 누구인가요?

취미와 취향을 공유하는 친구는 누구인가요?

지금, 당신에게 가장 큰 힘이 되어주는 친구는 누구인가요?

그들에 대한 고마운 마음을 적어보세요.

우정이라는 치유력을 가진 마술 덕분에 내 인생에서 좋은 순간은 더 좋아졌고 나쁜 것은 잊혀졌다. — 메이브 빈치

best friend

soul mate

Q 46

당신이 가장 궁핍했던 시절
물질적, 정신적으로 큰 도움을 준 이가 있나요?
당신이 지금 당장 돈을 빌려달라고 한다면
흔쾌히 빌려줄 친구가 있나요?
그는 당신의 어떤 점을 믿어준다고 생각하나요?

참된 친구들이야말로 든든한 피난처이다. — 아리스토텔레스

○ 가장 궁핍했던 시절 돈을 빌려준 사람은?

○ 지금 당장 돈을 빌려야 한다면,
누구에게 얼마를 빌릴 수 있나?

○ 상대는 나의 어떤 점을 믿어주는가?

인간은 때로 비밀이 필요하고

그 비밀을 털어놓을 사람도 필요합니다.

당신과 둘만의 비밀을 공유하고 있는 사람이 있나요?

유독 그 사람에게만 비밀을 털어놓게 된 이유가 있나요?

상대의 어떤 점이 믿을 만했나요?

반대로 상대가 당신에게 비밀을 털어놓았을 때 기분이 어땠나요?

지금까지 서로 그 비밀을 지키고 있나요?

내게는 비밀이 있을 뿐만 아니라, 나 자체도 비밀이다. 물론 당신 역시 비밀이다. 우리의 비밀은 인간의 비밀이고, 우리가 비밀을 나눌 정도로 신뢰한다는 것은, 인간이란 어떤 존재인가 하는 근본적인 비밀과 깊은 관련이 있다. — 프레드릭 뷰크너

비밀을
공유하고 있는 이가 있나?

왜
비밀을 공유하게 되었나?

상대의
어떤 점이 믿음직했나?

우리는 살면서 의식적으로 혹은 무의식적으로
여러 사람에게 상처를 주곤 합니다.
비난의 말로, 무책임한 행동으로, 무시하는 표정으로
상대에게 크고 작은 상처를 줍니다.
당신으로 인해 상처받은 이들이 있나요?
그들을 떠올려보고 용서의 마음을 적어보세요.

자기가 얼마나 자주 타인을 오해하는지 안다면 누구도 다른 사람들에게 함부로 말하지는 않을 것이다. — 요한 볼프강 폰 괴테

dear:

to:

dear:

이 세상에 자기 혼자 빛나는 별은 없습니다.

별은 다 빛을 받아서 반사하는 것입니다.

당신을 이끌어주고, 빛나게 해준 사람은 누구인가요?

방황하던 학창시절 관심을 가져준 선생님,

사소한 고민도 귀 기울여 듣고 조언해주던 선배들,

모든 것이 서툰 신입 시절 일을 가르쳐준 상사,

삶의 희로애락을 나누며 힘이 되어준 동료와 이웃들…….

그들이 있었기에 지금의 당신이 존재하는 것입니다.

그들의 얼굴을 떠올려보고 감사의 말을 적어보세요.

인생에서 가장 중요한 것은 좋은 스승, 좋은 친구, 좋은 이웃을 많이 가지는 것이다. ― 다케우치 히토시

dear:

to:

dear:

Q 50

첫사랑은 당신에게 어떤 기억으로 남아 있나요?
이미 희미한 기억 너머로 사라져버렸나요,
아니면 여전히 애틋한 감정을 느끼나요?
누가 먼저 고백했고, 첫 데이트 때 어디에서 무엇을 했나요?
당신이 사랑에 대해 품었던 환상과 실제는 어떻게 달랐나요?
그리고 지금 그를 다시 만난다면 무슨 말을 하고 싶나요?

왜 나는 그녀를 사랑했을까? 아마도 그녀였기에, 나였기에 그랬을 것이다. ― 미셸 드 몽테뉴

my first love…
나의 첫사랑은…

누군가를 진심으로 미워해본 적이 있나요?
무슨 이유로 얼마나 오랫동안 그를 미워했나요?
지금은 그를 용서했나요, 아니면 아직도 그를 미워하나요?
그에게 하고 싶은 말을 적어보세요.

남을 미워한 결과로 받게 되는 대가는 자신을 더 적게 사랑하게 되는 것이다. — 엘드리지
클리버

forgiving others
나를 위한 용서

인생의 계절

존 키츠

한 해가 사계절로 채워져 있듯,
인생에도 사계절이 있다

원기 왕성한 봄은 너그러운 마음으로
모든 것을 아름답게 받아들이는 때이며,

여름은 즐거운 마음으로
봄의 젊음과 달콤함을 되새기는 때이니,
그것을 되새기며, 그의 꿈도
하늘 높이, 끝까지 날아오른다

그의 영혼에 가을이 오면,
그의 꿈도 날개를 접고,
연못가를 무심히 지나치듯
모든 것을 있는 그대로 만족하며 바라본다

겨울은 창백하고 일그러진 얼굴로 찾아오거나,
그렇지 않으면 죽음의 길로 앞장선다

step 7

버킷
리스트

우리는 마치 영원히 살 것처럼 살아갑니다. 하지만 죽음은 매 순간 우리를 향해 다가오고 있습니다. 그렇다고 지나치게 죽음을 두려워할 필요는 없습니다. 죽음의 존재를 인식하는 것만으로 충분합니다. '오늘이 내 인생의 마지막 날이라면' 하고 스스로에게 질문을 던지는 순간, 하루하루가 어제와는 다른 새로운 의미로 다가올 것입니다.

〈step 7〉은 후회 없는 삶을 위해 꼭 해보고 싶은 일들과 인생의 마지막 순간 스스로에게 답해야 하는 질문들로 구성되어 있습니다. 이 질문들을 통해 진정한 자신과 마주하고 인생의 의미를 찾게 되기를 바랍니다. 자, 그럼, 시작해볼까요?

죽기 전에 꼭 도전해보고 싶은 일은 무엇인가요?
캠핑카를 타고 세계 일주하기, 마라톤 완주하기,
베스트셀러 작가에 도전하기, 번지점프 하기…….
주위 사람의 시선 때문에 혹은 현실 여건 때문에 못했지만
언젠가 꼭 해보고 일들도 적어보세요.
플래시 몹에 참가하기, 문신이나 피어싱하기,
1년치 연봉을 털어 원하는 물건 사기, 전속력으로 차를 몰아보기…….
이 외에도 해보고 싶은 일들이 많이 있을 것입니다.
당신만의 버킷 리스트를 만들어보세요.

65세가 되고 나서 내가 깨달은 사실은 싫은 일을 하면서 시간을 낭비할 순 없다는 거야. ─
영화 〈그레이트 뷰티〉 중에서

bucket list

죽기 전에 꼭 도전해보고 싶은 일

음식은 인생의 즐거움이자, 추억이며, 낭만입니다.

맛있는 음식은 오감을 만족시켜주고,

누군가에게는 삶의 의미가 되기도 합니다.

죽기 전에 꼭 먹어보고 싶은 음식은 무엇인가요?

음식에 대한 버킷 리스트를 만들어보세요.

그리고 당신 인생의 마지막 날,

마지막 만찬으로 어떤 음식을 먹고 싶은지 적어보세요.

식사의 쾌락은 나이와 조건과 나라를 불문하고 날이 갈수록 점점 더 깊어진다. 그것은 다른
어떤 쾌락과도 어우러질 수 있으며, 모든 쾌락이 사라진 후에도 마지막까지 남아 우리에게
위안을 준다. — 브리야 사바랭

my bucket list : food
죽기 전에 꼭 먹어보고 싶은 음식

1

2

3

4

5

6

7

'바보는 방황하고 현명한 사람은 여행을 떠난다'는 말이 있습니다.
여행은 우리의 영혼을 성장시켜주고, 생각의 폭을 넓혀주며
미처 알지 못했던 감성을 일깨워줍니다.
죽기 전에 꼭 가보고 싶은 여행지가 있나요?
그곳에서 누구와 무엇을 해보고 싶나요?

여행이란 우리가 사는 장소를 바꾸는 것이 아니라 우리의 생각과 편견을 바꾸는 것이다.
— 아나톨 프랑스

my bucket list : travel

죽기 전에 꼭 가보고 싶은 여행지

❶

❷

❸

❹

❺

❻

❼

죽기 전에 꼭 만나보고 싶은 사람이 있나요?

좋아하는 가수나 배우, 어린 시절 우상이었던 스포츠 선수,

인생의 멘토가 되어준 정치인이나 사회활동가……

유명인과 직접 만날 기회가 주어진다면

누구와 만나고 싶나요?

무엇을 하고 어떤 이야기를 나누고 싶나요?

인간이란 이상하다. 몇 번을 만나도 무덤덤한 사람이 있는가 하면 불과 몇 분만 만나도
평생 잊지 못하는 사람이 있다. — 미우라 유이제로

누구나 반드시 한 번은 인생의 마지막 순간을 맞이합니다.
당신의 장례식을 상상해본 적이 있나요?
어떤 공간에서 어떤 형식으로 진행되기를 바라나요?
참석자, 추모 형식, 배경음악, 영정사진 등을
당신이 직접 선택할 수 있습니다.
당신이 원하는 자신의 장례식 모습을 적어보세요.

우리는 인생을 어떻게 살아야 하는지를 평생을 통해 배워야 한다. 또한 우리는 어떻게 죽는 것이 좋은지를 배우기 위해서도 평생을 보낸다. — 루키우스 안나이우스 세네카

장례식에
참석하기를 바라는 사람은?

어떤 곳에서?

어떤 형식으로?

당신의 묘비명은 무엇으로 하고 싶나요?
스스로 자신의 인생을 정의해보세요.
당신이 이 세상을 살다 갔다는 사실을
한 문장으로 남겨보세요.

내 그대를 찬양했더니 그대는 그보다 백배나 많은 것을 내게 갚아주었다. 고맙다, 나의
인생이여! — 미셸 투르니에의 묘비명

epitaph
나의 묘비명은?

당신은 신을 믿나요?
혹은 절대적인 존재가 있다고 생각하나요?
지금 당신이 죽음을 앞두고 있다면,
신에게 무슨 말을 하고 싶나요?

단 하나의 완전한 기도는 하늘에 감사하는 마음을 갖는 것이다. ― 고트홀트 에프라임
레싱

dear my Lord……

당신이 이 세상을 떠나도
당신을 기억하는 사람들은 남아 있을 것입니다.
그들에게 어떤 모습으로 기억되기를 원하나요?

내가 태어날 때 나는 울고 내 주변 사람 모두가 웃었지만, 내가 죽을 때 나는 웃고 내 주변 사람 모두가 우는 그런 삶을 살아야 한다. ― 인디언 명언

How I want to be remembered···
나는 이렇게 기억되고 싶다

지금까지 여러 질문에 답하면서
자신과 인생에 대해 많은 힌트를 얻었을 것입니다.
자, 이제 마지막 질문입니다.
이 책의 모든 질문에 답한 지금 이 순간,
당신 자신에게 무슨 말을 하고 싶나요?
스스로에게 보내는 편지를 써보세요.

만약 내가 삶을 한마디로 정의해야 한다면, '삶은 창조다'라고 할 것이다. — 클로드 베르
나르

그대 늙었을 때

윌리엄 버틀러 예이츠

그대 늙어 백발이 되고 잠이 많아져,
난롯가에서 꾸벅이며 졸거든, 이 책을 꺼내어
천천히 읽으시기를. 그리고 한때 그대 눈이 지녔던
부드러움과 깊은 그림자를 생각하시기를.

얼마나 많은 사람이 그대의 발랄하고 우아한 순간들을 사랑했고,
거짓 혹은 진실로 그대의 아름다움을 사랑했는지,
그러나 한 사람이 그대의 헤매는 영혼을 사랑했고,
변해가는 그대의 얼굴 속의 슬픔을 사랑했는지를.

그리고 타오르는 장작더미 곁에 몸을 구부리고,
조금은 슬픈 듯이 중얼거리기를, 어떻게 사랑이 달아났는지
그리고 높은 산 위를 거닐며
별들 속에 그의 얼굴을 감추었는지를.

지은이 **서윤진**

고려대학교 사회학과를 졸업했다. 2001년부터 출판기획자로 일하고 있다. 변화, 성장, 치유의 말
들을 소개하는 책 《흔들리는 나에게 필요한 한 마디》를 썼다.

퀘스천 북

초판 1쇄 인쇄 2015년 11월 3일
초판 1쇄 발행 2015년 11월 7일

지은이 서윤진

발행인 양문형
펴낸곳 타커스
등록번호 제313-2008-63호
주소 서울시 종로구 대학로 14길 21 (혜화동) 민재빌딩 4층
전화 02-3142-2887   팩스 02-3142-4006
이메일 yhtak@clema.co.kr

ⓒ 서윤진 2015

ISBN 978-89-98658-28-1 (04320)
　　　978-89-98658-27-4 (세트)

이 도서의 국립중앙도서관 출판예정도서목록(CIP)은 서지정보유통지원시스템 홈페이지(http://seoji.
nl.go.kr)와 국가자료공동목록시스템(http://www.nl.go.kr/kolisnet)에서 이용하실 수 있습니다.(CIP
제어번호: CIP2015028093)